LA FRANCE

ET LA RUSSIE.

QUESTION D'ORIENT.

FÉVRIER 1854.

PARIS.

IMPRIMERIE IMPÉRIALE.

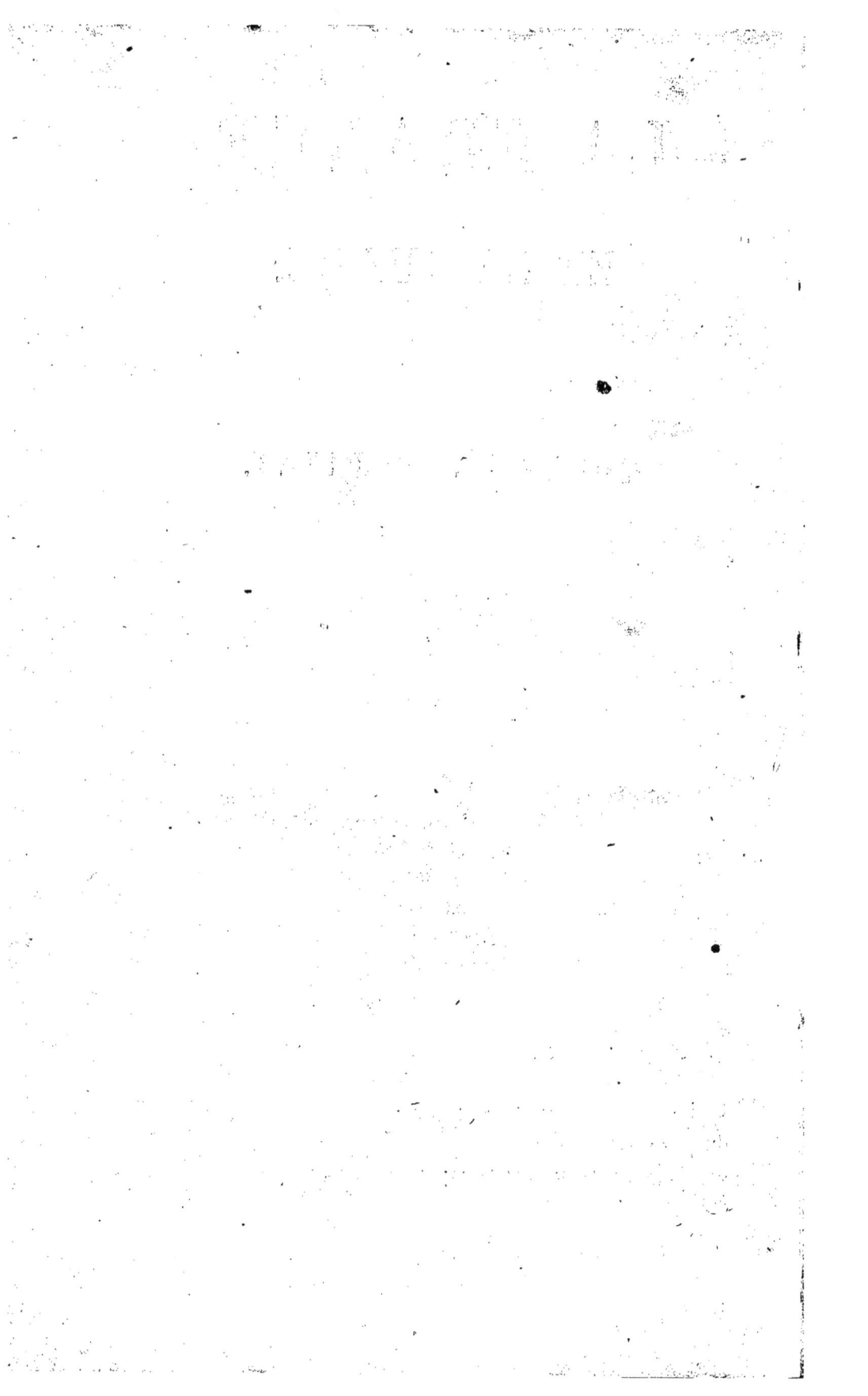

NOTICE HISTORIQUE.

Nous livrons à l'appréciation de la France et de l'Europe la lettre de l'Empereur Napoléon à l'Empereur Nicolas. Cette page si noble et si ferme résume avec une admirable clarté les diverses périodes de la question d'Orient; elle est le dernier effort tenté en faveur de la paix du monde, l'expression la plus haute de la force et de la dignité du pays.

L'Empereur de Russie, fidèle à la politique de ses ancêtres, cherchait une occasion commode et à sa convenance, d'humilier complétement la Turquie, en attendant qu'il pût la subjuguer. Une fois établis à Constantinople, qui est la clef de la Méditerranée, les Russes auraient menacé, avant un demi-siècle, de leurs flottes de la mer Noire, Alger et Toulon; de leurs flottes de la Baltique, le Havre et Cherbourg. Nos enfants auraient assisté à une nouvelle invasion des Barbares du Nord, chassant devant eux la civilisation et foulant aux pieds la liberté !

L'affaire dite des *Lieux saints*, et le *protectorat des Grecs*, qui en a été la suite, ont semblé au Czar offrir cette occasion qu'il cherchait; il l'a saisie avec un empressement qui a trahi, malgré lui, son ambition secrète.

Tout le monde sait qu'à Bethléem et à Jérusalem, c'est-à-dire aux lieux où le Sauveur est né, où il a souffert et où il est mort, la piété des chrétiens a fondé, depuis des siècles, des églises et des monastères. Depuis que l'église d'Orient s'est

1.

séparée de l'église d'Occident, il est survenu des rivalités et des luttes entre les chrétiens de la communion latine et les chrétiens de la communion grecque, soit au sujet de la garde de ces *Lieux saints*, soit au sujet des cérémonies qui s'y trouvaient célébrées. La France, dont l'autorité politique et morale en Orient est considérable depuis les Croisades, a toujours pris sous son patronage les Pères des monastères latins. Ces pères avaient été les victimes d'empiétements successifs de la part des chrétiens de la communion grecque, et le Gouvernement de Louis-Napoléon, alors Président de la République française, obtint en leur faveur, il y a trois ans, des réparations aussi justes que modérées.

L'Empereur Nicolas, feignant de croire que les chrétiens de la communion grecque avaient été dépouillés au profit des chrétiens de la communion latine, envoya, au mois de février 1852, le prince Menschikoff à Constantinople, avec la mission apparente de rétablir les droits des Pères grecs; mais il ne fut pas difficile au Gouvernement français de démontrer jusqu'à l'évidence que les satisfactions qui lui avaient été accordées ne lésaient en rien les droits de personne. La Cour de Saint-Pétersbourg, après examen, fut forcée de le reconnaître; et, dès lors, si le prince Menschikoff n'avait eu réellement en vue que de faire rendre justice aux Pères grecs de Terre sainte, sa mission eût été complétement terminée.

Il n'en fut pas ainsi, bien s'en faut. C'est alors que les véritables desseins de la Russie éclatèrent. Le prince Menschikoff demanda, avec hauteur et menaces, pour le Czar son maître, le droit de Protectorat direct sur tous les sujets de l'Empire turc appartenant à la communion grecque; et, comme, parmi les sujets du Sultan, dans la Turquie d'Europe, de onze à douze millions appartiennent à la communion grecque, tandis que trois ou quatre millions seulement appartiennent à l'islamisme; c'est, au fond, comme si l'Empereur de Russie avait fait demander au Sultan sa couronne.

Cette prétention du Czar à protéger une si notable portion des sujets du Sultan contre le Sultan lui-même, prétention soutenue par une armée, était évidemment la même
chose que l'asservissement de la Turquie par les Russes.
Cette prétention est d'ailleurs d'autant moins justifiée, que
l'Église grecque répandue en Turquie, sous l'autorité du
Patriarche de Constantinople, n'a pas consenti à la séparation de l'Église Russe, dont le Czar est le chef spirituel et
temporel ; que le Gouvernement turc est beaucoup plus
doux, beaucoup plus tolérant que le Gouvernement moscovite à l'égard des cultes dissidents, témoin les catholiques
de la Pologne ; et que le clergé grec, en masse, le Patriarche
en tête, repousse de toute son énergie la protection des
Russes, dans lesquels, d'après la rigueur des canons, ils
seraient tentés de ne voir que des schismatiques.

Ainsi, l'ambition de l'Empereur de Russie ne tarda pas
à percer le voile religieux sous lequel il l'avait enveloppée.
Être maître de Constantinople, s'y établir comme dans une
forteresse inexpugnable, dominer sur la Méditerranée en
même temps que sur la Baltique, envelopper l'Europe à la
fois par le Midi et par le Nord, et préparer, dans un avenir
plus ou moins prochain, la domination des Cosaques et des
Baskirs sur tout l'Occident, soumis au plus honteux despotisme : voilà le but des Russes, but que l'Empereur Napoléon signala dès le premier jour, et que toute l'Europe a
vu clairement après lui. Le Czar, mal renseigné par ses
ambassadeurs, avait pensé que la France et l'Angleterre,
séparées par d'anciennes rivalités, ne se réuniraient pas pour
l'arrêter, et il a tellement l'habitude d'inspirer les résolutions des Gouvernements du Nord, qu'il n'avait pas cru
pouvoir douter de leur concours. Il s'est néanmoins complétement trompé !

Lorsque l'Empereur Napoléon, pénétrant les vues ambitieuses et perfides de la Russie, résolut de défendre la
liberté de l'Occident menacée, le Gouvernement anglais
se réunit loyalement à la France. L'Allemagne elle-même,
révoltée d'être la vassale du Czar, après s'être réunie à la

France et à l'Angleterre pour blâmer énergiquement la conduite déloyale des Russes en Orient, a noblement secoué le joug qu'on s'était flatté de lui imposer, et déclaré qu'elle soutiendrait la cause de l'indépendance des Nations.

C'est donc la cause de la liberté des peuples, de la dignité des Gouvernements, de la bonne foi publique, de la paix, de l'ordre, du travail, de la civilisation enfin, qu'il s'agit de défendre contre l'insatiable ambition de la Russie. Une pareille cause était digne de la France et de son glorieux Empereur.

LETTRE DE S. M. L'EMPEREUR

NAPOLÉON III

A L'EMPEREUR DE RUSSIE:

Palais des Tuileries, le 29 janvier 1854.

« SIRE,

« Le différend qui s'est élevé entre Votre Majesté et la Porte Ottomane en est venu à un tel point de gravité, que je crois devoir expliquer moi-même directement à Votre Majesté la part que la France a prise dans cette question, et les moyens que j'entrevois d'écarter les dangers qui menacent le repos de l'Europe.

« La note que Votre Majesté vient de faire remettre à mon Gouvernement et à celui de la reine Victoria tend à établir que le système de pression adopté dès le début par les deux puissances maritimes a seul envenimé la question. Elle aurait, au contraire, ce me semble, continué à demeurer une question de cabinet, si l'occupation des principautés ne l'avait transportée tout à coup du domaine de la discussion dans celui des faits. Cependant les troupes de Votre Majesté une fois entrées en Valachie, nous n'en avons pas moins engagé la Porte à ne pas considérer cette occupation comme un cas de guerre, témoignant ainsi notre extrême désir de conciliation. Après m'être concerté avec l'Angleterre, l'Autriche et la Prusse, j'ai proposé à Votre Majesté une note destinée à donner une satisfaction commune; Votre Majesté l'a acceptée. Mais à peine étions-nous avertis de cette bonne nouvelle, que son ministre, par des commentaires explicatifs, en détruisait tout l'effet conciliant et nous empêchait par là d'insister à Constantinople sur son adoption pure et simple. De son côté, la Porte avait proposé au projet de note des modifications que les quatre puissances représentées à Vienne ne trouvèrent pas inacceptables. Elles n'ont pas eu l'agrément de Votre Majesté. Alors la Porte, blessée dans sa dignité, menacée dans son indépendance, obérée par les efforts déjà faits pour opposer une armée à celle de Votre Majesté, a mieux aimé déclarer la guerre que de rester dans cet état d'incertitude et d'abaissement. Elle avait réclamé notre appui; sa cause nous paraissait juste; les escadres anglaise et française reçurent l'ordre de mouiller dans le Bosphore.

« Notre attitude vis-à-vis de la Turquie était protectrice, mais passive. Nous ne l'encouragions pas à la guerre. Nous faisions sans cesse parvenir aux oreilles du Sultan des conseils de paix et de modération, persuadés que c'était le moyen d'arriver à un accord, et les quatre puissances s'entendirent de nouveau pour soumettre à Votre Majesté d'autres propositions. Votre Majesté, de son côté, montrant le calme qui naît de la conscience de sa force, s'était bornée à repousser, sur la rive gauche du Danube comme en Asie, les attaque des Turcs, et, avec la modération digne du chef d'un grand empire, Elle avait déclaré qu'elle se tiendrait sur la défensive. Jusque-là nous étions donc, je dois le dire, spectateurs intéressés, mais simples spectateurs de la lutte, lorsque l'affaire de Sinope vint nous forcer à prendre une position plus tranchée. La France et l'Angleterre n'avaient pas cru utile d'envoyer des troupes de débarquement au secours de la Turquie. Leur drapeau n'était donc pas engagé dans les conflits qui avaient lieu sur terre. Mais sur mer, c'était bien différent. Il y avait à l'entrée du Bosphore trois mille bouches à feu dont la présence disait assez haut à la Turquie que les deux premières puissances maritimes ne permettraient pas de l'attaquer sur mer. L'événement de Sinope fut pour nous aussi blessant qu'inattendu; car peu importe que les Turcs aient voulu ou non faire passer des munitions de guerre sur le territoire russe. En fait, des vaisseaux russes sont venus attaquer des bâtiments turcs dans les eaux de la Turquie et mouillés tranquillement dans un port turc; ils les ont détruits, malgré l'assurance de ne pas faire une guerre agressive, malgré le voisinage de nos escadres. Ce n'était plus notre politique qui recevait là un échec, c'était notre honneur militaire.

Les coups de canon de Sinope ont retenti douloureusement dans le cœur de tous ceux qui, en Angleterre et en France, ont un vif sentiment de la dignité nationale. On s'est écrié d'un commun accord : Partout où nos canons peuvent atteindre, nos alliés doivent être respectés. De là l'ordre donné à nos escadres d'entrer dans la mer Noire, et d'empêcher par la force, s'il le fallait, le retour d'un semblable événement. De là la notification collective envoyée au cabinet de Saint-Pétersbourg pour lui annoncer que, si nous empêchions les Turcs de porter une guerre agressive sur les côtes appartenant à la Russie, nous protégerions le ravitaillement de leurs troupes sur leur propre territoire. Quant à la flotte russe, en lui interdisant la navigation de la mer Noire, nous la placions dans des conditions différentes, parce qu'il importait, pendant la durée de la guerre, de conserver un gage qui pût être l'équivalent des parties occupées du territoire turc, et faciliter la conclusion de la paix en devenant le titre d'un échange désirable.

« Voilà, Sire, la suite réelle et l'enchaînement des faits. Il est clair qu'arrivés à ce point, ils doivent amener promptement ou une entente définitive, ou une rupture décidée.

« Votre Majesté a donné tant de preuves de sa sollicitude pour le repos de l'Europe, Elle y a contribué si puissamment par son influence bienfaisante contre l'esprit de désordre, que je ne saurais douter de sa résolution dans l'alternative qui se présente à son choix. Si Votre Majesté désire autant que moi une conclusion pacifique, quoi de plus simple que de déclarer qu'un armistice sera signé aujourd'hui, que les choses reprendront leur cours diplomatique, que toute hostilité cessera et que toutes les forces belligérantes se retireront des lieux où des motifs de guerre les ont appelées?

« Ainsi les troupes russes abandonneraient les principautés et nos escadres la mer Noire. Votre Majesté préférant traiter directement avec la Turquie, elle nommerait un ambassadeur qui négocierait avec un plénipotentiaire du Sultan une convention qui serait soumise à la conférence des quatre puissances. Que Votre Majesté adopte ce plan, sur lequel la Reine d'Angleterre et moi sommes parfaitement d'accord : la tranquillité est rétablie et le monde satisfait. Rien, en effet, dans ce plan, qui ne soit digne de Votre Majesté, rien qui puisse blesser son honneur. Mais si, par un motif difficile à comprendre, Votre Majesté opposait un refus, alors la France, comme l'Angleterre, serait obligée de laisser au sort des armes et aux hasards de la guerre ce qui pourrait être décidé aujourd'hui par la raison et par la justice.

« Que Votre Majesté ne pense pas que la moindre animosité puisse entrer dans mon cœur; il n'éprouve d'autres sentiments que ceux exprimés par Votre Majesté elle-même dans sa lettre du 17 janvier 1853, lorsqu'Elle m'écrivait : « Nos relations doivent être sin-« cèrement amicales, reposer sur les mêmes inten-« tions : maintien de l'ordre, amour de la paix, res-« pect aux traités et bienveillance réciproque. » Ce programme est digne du souverain qui le traçait, et, je n'hésite pas à l'affirmer, j'y suis resté fidèle.

« Je prie Votre Majesté de croire à la sincérité de mes sentiments, et c'est dans ces sentiments que je suis, etc.

« NAPOLÉON. »

EXTRAITS

DU MONITEUR OFFICIEL.

(Numéro du 19 février 1854.)

La réponse attendue de Saint-Pétersbourg est arrivée ce soir. L'empereur Nicolas annonce qu'il n'accepte pas les propositions d'accommodement qui lui avaient été adressées.

Dans son numéro du 20 février, le *Moniteur officiel* a publié l'article suivant, qui caractérise de nouveau la loyauté de la politique française.

Nous avons annoncé hier que l'Empereur avait reçu une réponse de Saint-Pétersbourg.

Dans sa lettre à l'Empereur, le czar discute les conditions d'arrangement qui lui avaient été proposées, et déclare qu'il ne peut entrer en négociation que sur les bases qu'il a fait connaître.

Cette réponse ne laisse plus de chances à une solution pacifique, et la France doit se préparer à soutenir, par des moyens plus efficaces, la cause que n'ont pu faire prévaloir les efforts persévérants de la diplomatie.

En défendant plus énergiquement les droits de la Turquie,

l'Empereur compte sur le patriotisme du pays, sur l'alliance intime de l'Angleterre et sur les sympathies des gouvernements d'Allemagne.

Ces gouvernements ont constamment déclaré qu'ils voulaient, aussi résolûment que nous, maintenir l'équilibre européen, faire respecter l'intégrité et l'indépendance de l'Empire Ottoman. Il n'y a pas d'autre question engagée dans le débat.

L'attention se tourne vers l'Autriche, que sa position appelle à jouer un rôle actif et important. L'Autriche s'est toujours prononcée avec une grande fermeté en faveur des points qui ont été établis dans le protocole de la conférence de Vienne du 5 décembre dernier.

Nous avons toute confiance dans la loyauté et le caractère chevaleresque du jeune empereur d'Autriche; nous trouvons, en outre, une garantie des dispositions de son gouvernement dans les intérêts de ses peuples, intérêts qui sont identiques aux nôtres.

Dans les circonstances générales de la politique européenne, la France, forte de ses intentions loyales et désintéressées, n'a rien à redouter de la lutte qui se prépare. Elle sait, d'ailleurs, qu'elle peut compter sur l'énergie autant que sur la sagesse de l'Empereur.

CONCLUSION.

On a pu voir, à la lecture de ces pièces, que l'Empereur de Russie a constamment poussé à la guerre. Il a été sourd aux observations de ses alliés, aux instances de ses amis. Son égoïsme hautain se refuse à tenir compte d'une autre autorité que la sienne, et il veut que son Empire soit sans bornes comme son ambition.

C'est donc le Czar, c'est lui seul, qui, après avoir violé les traités, après avoir envahi, en pleine paix, le territoire de la Turquie, troublé violemment, sans motifs avouables, la paix du monde, interrompt les transactions commerciales, et porte atteinte à la fortune publique et à la fortune privée. L'Europe serait digne du mépris éternel de l'histoire, si elle souffrait des prétentions qui sont une insulte aujourd'hui, et qui deviendraient une ruine demain.

La France a déjà fait connaître qu'elle ne les souffrira pas. Fidèle observatrice des traités, elle les fera respecter des autres. Seules contre les Russes, les armées françaises les ont toujours et complétement battus, à Austerlitz, à Eylau, à Friedland, à Smolensk, à la Moscowa : réunis à l'armée anglaise, maîtres de toutes les mers, appuyés par une flotte combinée qui sera, dans trois mois, de quatre-vingts vaisseaux de ligne, les soldats français, dignes enfants de leurs glorieux pères, auront promptement et solidement rétabli la paix, nécessaire au travail et au bien-être des familles et des nations.

Imprimerie impériale. — Février 1854.

www.ingramcontent.com/pod-product-compliance
Lightning Source LLC
Chambersburg PA
CBHW060203070426
42447CB00033B/2425